W0344800

Leorina Halilovic

Mein erstes Wimmelbuch

Komm, lass uns
Weihnachten erkunden

RBM PUBLISHING

RESTAURANT

Leorina Halilovic

Mein erstes Wimmelbuch

Komm, lass uns Weihnachten erkunden

Herausgeber: RBM Publishing
Autor: Leorina Halilovic
Umschlaggestaltung
und Buchsatz:
Daniela Patricia Brenner
Lektorat: Katrin Niedermann

ISBN: 978-3-903505-28-5 (Taschenbuch)
978-3-903505-29-2 (Hardcover)

Inhaltsverzeichnis

Einleitung

Ejla und Edi sind Geschwister. Am meisten freuen sie sich, wenn ihre Eltern oder ihre Tante Zeit für Unternehmungen mit ihnen finden. Selbst in der kalten Jahreszeit machen ihnen Ausflüge in den Tierpark oder auf den Spielplatz Spaß. Besonders im Advent, wenn schon ein bisschen Weihnachten in der Luft liegt. Mit Winterjacke, Schal und Mütze stört sie auch das kühle Wetter nicht, denn es gibt immer etwas zu sehen und zu entdecken. Wer weiß, vielleicht ist auch schon der Weihnachtsmann unterwegs?

Begleite Ejla und Edi auf ihren Ausflügen und lasse dir erzählen, welche aufregenden Abenteuer die Kinder im Winter erleben. Auf den bunten Wimmelbildern kannst du die Geschichten mitverfolgen. Dort gibt es auch sonst viel zu entdecken. Schaffst du es, alle Fragen zu beantworten? Wenn du aufmerksam zuhörst und die Bilder betrachtest, wird es dir bestimmt gelingen.

Im Tierpark

Die Geschwister Ejla und Edi freuen sich, denn heute kommt Tante Gabi zu Besuch. Als es an der Türe klingelt, stürmen sie sofort los, um ihre Tante zu begrüßen. „Nicht so wild“, lacht diese. „Ihr rennt mich ja um!“

„Tante Gabi, Tante Gabi, was unternehmen wir heute?“, ruft Ejla.

„Ich habe mir gedacht, wir gehen in den Tierpark. Es ist zwar ziemlich kalt draußen, aber wenn ihr beide euch mit Mütze und Schal warm anzieht, haben wir bestimmt trotzdem Spaß“, meint die Tante.

„Hurra! In den Tiergarten!“ Edi ist begeistert. „Da gibt es auch im Winter viel zu entdecken!“ Und damit hat Edi natürlich recht.

Der Schnee knirscht unter ihren Stiefeln, als sie durch das Eingangstor in den Park gehen.

Ejla und Edi laufen von Gehege zu Gehege und bewundern die Tiere, die sich an die Kälte angepasst haben. Die Eisbären scheinen sich bei den eisigen Temperaturen richtig wohlzufühlen. Die Pinguine watscheln fröhlich im Schnee herum. Mama Pinguin stupst ihre Jungen an, um sie von Dummheiten abzuhalten.

Die beiden Kinder sehen aber nicht nur viele Tiere, sondern es ist auch sonst so einiges los. „Schau mal, da ist ja schon der Weihnachtsmann! Und er verteilt Geschenke!“, ruft Ejla begeistert.

Geduldig stellen sich die beiden an und warten, bis sie an der Reihe sind, während Tante Gabi sich mit einem heißen Tee aufwärmt. Bald halten die beiden Geschwister ein kleines Päckchen in der Hand.

Viele andere Kinder sind ebenfalls mit ihren Eltern in den Tiergarten gekommen. Manche der Kinder kennen Edi und Ejla bereits. Auch die wilde Lisa, welche ein paar Häuser weiter wohnt, ist da.

Lisa ist dafür bekannt, dass sie oft verrückte Dinge tut, die manchmal sogar gefährlich sind. So auch heute.

Erschrocken zupft Edi seine Tante am Mantel. „Tante Gabi, die Lisa balanciert auf dem Zaun dort drüben!“ Aber Lisas Papa hat die gefährliche Turnübung seiner Tochter ebenfalls entdeckt und kann rechtzeitig verhindern, dass etwas Schlimmes passiert.

„Oh je“, meint Tante Gabi. „In Lisas Haut möchte ich jetzt nicht stecken. Sie wird bestimmt kräftig ausgeschimpft! Diese Dummheit hätte aber auch wirklich ganz schnell schiefgehen können. Ich bin froh, dass ihr Vater rechtzeitig eingegriffen hat. Kommt, gehen wir und sehen uns die Giraffen an. Die sehen so lustig aus mit ihren langen Hälsen und dem gefleckten Fell!“

Zwei Stunden später gehen die beiden Kinder mit ihrer Tante nach Hause. Sie haben viel erlebt und der Mama viel zu erzählen. Was für ein schöner Tag!

Ein Tierpfleger füttert die Eisbären. Werden noch andere Tiere gefüttert?
ICE CREAMS
Wie viele Kinder hat Mama Giraffe?
Kannst du noch andere ierkinder auf dem Bild entdecken?
RESTAURANT

Siehst du, auf welchem Zaun Lisa balanciert?
Kannst du dir vorstellen, warum das gefährlich ist?
WILLKOMMEN IM TIERGARTEN

Im Dinosaurierpark

„Oh Mann“, jammert Edi. „Es dauert noch eeeewig, bis endlich Weihnachten ist! Können wir nicht etwas unternehmen? Mir ist langweilig.“

„Wenn ihr Lust habt, können wir einen Dinosaurierpark besuchen“, schlägt seine Mutter vor.

„Au ja.“ Edi ist begeistert. „Dinos sind super!“

„Die sind langweilig“, mault seine Schwester. Im Gegensatz zu Edi ist sie kein großer Fan der Urzeitwesen.

„Ach, komm. Das ist besser als daheim rumzusitzen.“

„Das stimmt“, gibt Ejla ihrem Bruder recht.

„Na, dann ab in die warmen Stiefel, Mützen und Schals, und los geht’s, bevor es dunkel wird.“

Ihre Mutter holt schon die Winterjacken von der Garderobe und hilft den beiden beim Anziehen.

Kurze Zeit später stehen sie vor dem Eingang zum Dinopark, wo die Nachbildung eines Sauriers weit das Maul aufreißt. Es sieht fast so aus, als möchte er die Kinder fressen.

„Iiih, der ist richtig gruselig“, stellt Ejla fest. „Komm, lass uns schnell weitergehen.“

„Was es hier alles gibt! Eine Bimmelbahn, bei der man den Park von oben sehen kann!“, ruft Ejla.

„Und einen Spielplatz! Mit Kletterturm!“, staunt Edi.

„Ja, und man kann sogar selbst nach Dinosaurier-Knochen graben! Das will ich auch tun!“ Ejla findet den Ausflug nun gar nicht mehr langweilig.

Außerdem gibt es im Park viele verschiedene Dinosaurier-Modelle zu sehen. Aufgeregt laufen die Geschwister von Dino zu Dino.

„Guck mal, da hinten ist einer, auf den man klettern kann!“ Drei Kinder sitzen schon darauf. „Da gehen wir nachher hin“, meint die Mutter. „Lasst uns zuerst all die anderen Modelle bestaunen.“

„Am liebsten mag ich den ganz großen, den mit dem langen Hals und dem langen Schwanz. Er sieht aus, als würde er lächeln“, stellt Ejla fest.

Edi erklärt: „Das ist ein Brontosaurus. Der war zwar riesengroß, aber ganz harmlos. Er hat nur Pflanzen gefressen.“

Ejla kichert: „Ganz harmlos war er bestimmt nicht. So groß wie der war, hätte er uns zertreten können und es nicht einmal bemerkt.“

„Ja, das stimmt“, sagt Edi. „Wie gut, dass die Tiere nur aus Stein und Gips sind.“

Plötzlich hören sie hinter sich ein lautes Brüllen. Erschrocken schreit Ejla auf und versteckt sich schnell hinter ihrer Mutter.

Der Tyrannosaurus Rex hat sich bewegt, sie hat es ganz genau gesehen! Vielleicht haben die Dinos ja doch überlebt?

„Nein, nein“, beruhigt sie Mama. „Keine Angst. Die Figuren sind nur sehr lebensecht gestaltet, und einige davon können sich tatsächlich bewegen. Es sind jedoch nur Roboter und das Gebrüll kommt aus einem Lautsprecher.“

Langsam gehen Ejla und Edi näher an den T-Rex heran und betrachten ihn ganz genau. Ihre Mutter hat recht, der große Saurier ist nicht lebendig, obwohl er schon sehr echt aussieht. Erleichtert lachen die beiden und sausen gleich darauf weiter, um den nächsten Dinosaurier zu bestaunen.

Als es dunkel wird, verabschieden sich die Kinder vom Dinopark. Auf dem Weg nach Hause reden sie noch einmal über die vielen Dinge, die sie heute erlebt haben. Sie sind sich einig, dass dies ein richtig toller Tag war. Edi und Ejla freuen sich schon auf den nächsten Besuch im Saurierpark.

Welche Farbe hat Ejlas Lieblings-saurier?
Wo im Park können die Kinder selbst nach Dino-saurier- Knochen graben?
Kannst du den T-Rex entdecken?
TYRANNOSAURUS
TYRANNOSAURUS
SPINOSAURUS
IGUANODON
VELOCIRAPTOR
DINOSAURIER PARK

Eines der Kinder im Park hält einen kleinen Stoff-Dinosaurier im Arm. Siehst du das Kind?
Findest du den Dinosaurier, auf den man klettern kann?
BRONTOSAURUS
T. REX
DIPLODOCUS
TRICERATOPS
TRICERATOPS
SPINOSAURUS
BRACHIOSAURUS
VELOCIRAPTOR

Auf dem Weihnachtsrummelplatz

Vor einigen Tagen sind viele bunte Wagen in die Stadt gekommen. Karussells und Buden wurden aufgebaut, und auf dem großen Feld ist ein weihnachtlicher Rummelplatz entstanden. „Willkommen im Hohoho Park“ steht auf dem Schild über dem Eingang.

„Papa, Papa, gehst du mit uns dorthin?“, bettelt Elja.

Ihr Vater sieht nicht gerade begeistert aus.

„Ach, komm schon, bitte, bitte, bitte!“, fängt jetzt auch Edi an.

„Also gut“, lässt sich ihr Vater breitschlagen. Gleich darauf machen sie sich auf den Weg. Der Eingang zum Park führt durch ein großes Tor, auf dem ein riesiger Nikolaus aufgemalt ist. Auf dem Rummelplatz ist eine Menge los.

Fröhliches Gelächter und laute Rufe mischen sich mit der Musik der Fahrgeschäfte. Es gibt so viel zu sehen! Karussells, Losbuden, Stände mit Zuckerwatte und anderen Süßigkeiten. Obwohl noch nicht einmal Weihnachten ist, bekommen Edi und Ejla jetzt schon viele Wünsche erfüllt.

Sie dürfen auf einem Pony reiten, in der großen Schiffschaukel sitzen und mit dem Tassenkarussell wilde Runden drehen. Ihr Vater lässt sich sogar dazu überreden, mit ihnen in das hohe Riesenrad einzusteigen.

Wie schön das ist, die Welt von oben zu bestaunen! Die Geschwister strahlen mit der Sonne um die Wette.

„Oh, sieh mal, Edi, wie hoch der Kettenflieger ist!“ Ganz oben, viele Meter über dem Boden, drehen sich die kleinen Gondeln. „Das ist bestimmt so, als könnte man fliegen“, seufzt Ejla.

Edi legt den Kopf in den Nacken. „Du hast recht, das ist ganz schön hoch. Dazu braucht man viel Mut. Aber den hast du ohnehin nicht."

„Was???" Jetzt ist Ejla wütend. „Ich habe mindestens so viel Mut wie du! Ich wette mit dir, dass ich da mitfahren werde, ohne ein einziges Mal zu schreien."

„Okay, dann los. Fahren wir mit dem Kettenflieger."

Ejla hat jetzt mächtiges Herzklopfen. Worauf hat sie sich nur eingelassen? Aber Papa kauft schon die Fahrkarten. Er versichert sich bei dem Verkäufer, dass seine beiden Kinder auch gefahrlos mitfahren können. Also wird schon nichts passieren.

Ejla nimmt sich vor, auf gar keinen Fall zu schreien, egal, wie schlimm die Fahrt werden wird. Sie steigen in die Sitze und schließen die Metallbügel.

Dann hebt das Karussell vom Boden ab. Ejla schließt die Augen. Sie will gar nicht mehr sehen,

wie hoch sie schon über dem Boden sind. Aber das Gefühl zu fliegen, das gefällt ihr. Sie jubelt und lacht.

Nur Edi neben ihr ist auffallend still. Als sie spürt, dass sich das Karussell wieder der Erde nähert, öffnet sie die Augen. Und wirklich, sie waren ganz schön hoch droben.

Als die beiden Kinder wieder festen Boden unter den Füßen haben, meint Edi etwas kleinlaut: „Können wir jetzt nach Hause gehen?“ Er sieht irgendwie grün im Gesicht aus. „Mir ist ziemlich schlecht.“

„Okay“, lacht Papa. „Es wird ohnehin Zeit zu gehen. Es wird bald dunkel und ich habe schon genug Geld ausgegeben.“

Ejla lächelt still. Sie will ihren Bruder nicht damit aufziehen, dass ihm im Flieger schlecht geworden ist. Insgeheim ist sie aber sehr stolz auf sich, dass sie die Mutprobe bestanden hat.

Sind auch Hunde im Park?
Gibt es in dem Bild einen Weihnachtsmann?
Findest du den Pinguin?
WILLKOMMEN IM HOHOHO PARK
USE ME

Wie viele Ponys siehst du beim Pony-reiten?
Wo ist die große Schiffschaukel?

Auf dem Spielplatz

Draußen hat es geschneit. „Hurra!“, rufen Ejla und Edi. „Wir wollen Schlitten fahren!“ „Ich fürchte, dafür reicht der Schnee noch nicht“, lacht ihre Mutter. „Was haltet ihr davon, wenn wir stattdessen auf den Spielplatz gehen?“

„Au ja.“ Ejla ist begeistert. „Dann können wir im Sandkasten Schneekuchen statt Sandkuchen backen.“

„Oder klettern! Und balancieren.“ Ihr Bruder ist, wie meistens, für wildere Aktivitäten zu begeistern.

„Wenn ihr euch beeilt, dann könnt ihr beides machen“, schlägt Mama vor. Das lassen sich die Kinder nicht zweimal sagen. Schnell schlüpfen die beiden in ihre Wintersachen und schon sind sie unterwegs.

Der Spielplatz ist mit einer glitzernden Schneeschicht bedeckt. Sofort flitzen die beiden

Geschwister los. Ejla stürmt als Erstes zur Schaukel. Lachend schwingt sie hin und her.

Sie genießt beim Schaukeln den kalten Wind in ihrem Gesicht. „Das macht so viel Spaß“, ruft sie fröhlich. Edi läuft stattdessen zur Rutsche. Er klettert flink hinauf und saust zufrieden die lange Bahn hinunter. Er freut sich, wie der Schnee spritzt, wenn er unten landet.

Einige Kinder führen ihre Hunde Gassi. Auf dem Platz steht bereits stolz ein Schneemann und Ejla und Edi beschließen, einen weiteren Schneekameraden zu bauen. Sie formen eine große Kugel für den Körper, eine mittlere für den Kopf und kleinere Kugeln für die Arme und Beine.

Plötzlich geraten zwei Jungs in ihrer Nähe in Streit. Sie beschimpfen sich und einer bedroht den anderen sogar mit einer Schaufel. Zum Glück ist ein Erwachsener schon dabei, die beiden Streithähne zu trennen.

„Komm, lass uns Karussell fahren“, schlägt Edi seiner Schwester vor. „Ich mag keine Streitereien.“

Ejla stimmt ihm zu und die beiden laufen zum Karussell. Dort sehen sie einen kleinen Jungen. Er sieht traurig aus und scheint ganz allein zu sein.

„Hey, willst du mit uns spielen?“, fragt Edi.

Der Junge lächelt schüchtern und nickt. „Ich heiße Paul“, sagt er. „Ich bin neu in der Stadt und habe noch keine Freunde.“

„Jetzt schon“, lacht Edi. „Kommt, setzt euch auf das Karussell, ich schubse euch an.“

Die drei lachen und toben herum, bis es Zeit wird, nach Hause zu gehen.

„Das war ein supertoller Nachmittag“, strahlt Paul zum Abschied.

„Wenn du möchtest, können wir uns bald wieder hier treffen“, meint Edi.

„Wirklich?“ Paul ist begeistert. „Das wäre schön.“

„Aber ja. Zu dritt macht alles noch mehr Spaß.“

Sie reichen sich die Hände und versprechen sich feierlich, gleich am nächsten Tag wieder zusammen zu spielen. Alle drei Kinder gehen glücklich nach Hause. Was gibt es Schöneres, als Freunde zu haben?

Wie viele
Hunde kannst du
auf dem Bild
entdecken?

Findest du den Stand, wo du Süßwaren kaufen kannst?
Welche Kinder haben keine Mütze auf dem Kopf?
Welche Farbe hat der Schal des Schneemanns?
Trägt jedes Kind Handschuhe?

Auf der Eislaufbahn

Jedes Jahr in der Vorweihnachtszeit wird in der Stadt eine Eislaufbahn aufgebaut. Ejla und Edi sind sich einig: Eislaufen unter freiem Himmel, inmitten der festlichen Weihnachtsbeleuchtung, das ist schon etwas ganz Besonderes! Hier macht das Eislaufen gleich noch einmal so viel Spaß! Die Straßen sind mit glitzernden Lichterketten, die wie Engel aussehen, dekoriert. Am Rand der Eisbahn steht schon der große Weihnachtsbaum der Stadt. Es gibt auch einige Buden, an denen man heiße Schokolade, Glühwein, Waffeln oder Bratwürstel kaufen kann.

Edi sitzt am Rand und zieht sich seine Schlittschuhe an. Ejla ist schon auf dem Eis. „Komm schon, Papa!“ Sie versucht, ihren Vater anzufeuern.

„Nicht so schnell“, jammert dieser. „Ich kann doch nicht eislaufen.“

„Das ist nicht schwer. Sieh her, so macht man das.“ Sie flitzt so nahe an ihrem Vater vorbei, dass der einen großen Schreck bekommt. Wild mit den Händen rudernd, setzt er sich auf den Hosenboden. Zum Glück hat Papa sich nicht wehgetan, er steht schon wieder auf.

„Wenn du willst, kann ich dir so ein Gestell holen, wie das Mädchen eines hat“, lacht Edi. „Das kannst du schieben und dich daran festhalten.“

„Nein, danke, lass mal“, meint sein Vater. „Ich werde es schon schaffen.“ Vorsichtig wagt er ein paar weitere Schritte.

Edi und Ejla drehen ihre Runden und haben viel Spaß. Sie fallen zwar auch hin, stehen aber einfach immer wieder auf.

„Oh, das möchte ich auch können!“ Ejla bewundert ein Mädchen, das geschickt Pirouetten dreht und kleine Sprünge macht.

„Dann musst du noch viel üben“, neckt ihr Bruder. Ejla streckt ihm die Zunge heraus. Hoffentlich hat ihr Vater das nicht gesehen!

„Dann übe ich eben.“ Sie versucht eine Drehung, landet aber sofort auf dem Hosenboden.

„Eiskunstlauf ist langweilig. Ich möchte lieber Eishockey spielen. Vielleicht können wir Mama und Papa fragen, ob wir in einen Eishockeyverein dürfen“, meint Edi.

Elja nickt zustimmend. „Keine schlechte Idee.“

Plötzlich zeigt Ejla mit dem Finger auf eine Gestalt. „Sieh mal, Edi, da ist der Weihnachtsmann!“

„Nein“, lacht Edi. „Das ist nur eine Frau im roten Mantel, die mit ihrem Hund spazieren geht. Nicht alles, was einen roten Mantel anhat, ist der Weihnachtsmann.“

Tatsächlich. Ejla sieht sich um und entdeckt gleich mehrere Personen, die eine rote Jacke oder Mantel und eine rote Mütze tragen.

„Aber der Weihnachtsmann ist auch da", strahlt Ejla. „Ich habe ihn gesehen!"

Viel zu schnell vergeht die Zeit, und als es langsam immer kälter wird, meint Vater: „So Kinder, wir gehen nach Hause."

„Das war so schön", schwärmt Ejla verträumt. „Können wir morgen wieder herkommen?"

„Mal sehen", erwidert Papa, aber er lächelt. „Wir haben ja noch etwas Zeit. Die Eisbahn wird erst im nächsten Jahr abgebaut."

„Au ja." Auch Edi ist begeistert. Er nimmt sich fest vor, den Eislaufunterricht auf seinen Wunschzettel für Weihnachten zu schreiben.

Siehst du die Frau im roten Mantel mit dem Hund?
Welche Farbe hat das Auto am Ende der Straße?
Kannst du alle verkleideten Weihnachtsmänner finden?

Wo ist der richtige Weihnachts- mann?
Wie viele Schneemänner kannst du im Bild entdecken?
öhliche Weihnachten
EMILIJA

Im Weihnachtsgarten

Weihnachten rückt immer näher und Ejla und Edi werden immer aufgeregter.

„Kommt, lasst uns in den Weihnachtsgarten gehen“, schlägt Tante Gabi vor.

„Manno.“ Edi ist nicht begeistert. „Das ist langweilig. Da gibt es nichts für Kinder.“

„Heute schon.“ Tante Gabi lächelt geheimnisvoll. „Ich verrate euch etwas: Es gibt einen Märchenerzähler, der Geschichten erzählt. Das ist doch bestimmt etwas für euch, nicht wahr?!“

„Super!“ Ejla ist sofort Feuer und Flamme und auch Edi gefällt die Idee.

„Geschichten sind cool. Dann gehen wir dorthin.“

Im Weihnachtsgarten angekommen, machen die Kinder große Augen. Der sonst so langweilige Park hat sich in ein buntes Lichtermeer verwandelt. Alle Bäume wurden mit Kugeln und Lichterketten festlich geschmückt. Auch die Brücke, die über den kleinen Teich führt, funkelt und glitzert im Lichtermeer.

„Wie schön das hier ist!“, staunt Ejla ehrfürchtig. Überall im Park sind leuchtende Tierfiguren aufgestellt. Es gibt viele Schneemänner. Einer davon sieht sogar Ejlas Lieblingsfigur, dem Schneemann Olaf aus dem Märchen „Die Eiskönigin“, ähnlich.

„Sieh mal, dort sind Ponys aufgestellt. Darauf kann man reiten.“

„Die sind nur aus Holz“, lacht Tante Gabi. „Sie bringen dich nirgendwo hin. Aber ihr könnt euch daraufsetzen, ich würde gerne ein schönes Foto von euch machen.“

Auf einer dicken Decke unter einem großen, funkelnden Stern sitzen schon Kinder und warten auf den Märchenerzähler.

„Komm, gehen wir dorthin.“ Edi zupft seine Schwester am Ärmel, aber die schaut auf einmal ganz merkwürdig.

„Dort drüben steht der Weihnachtsmann!“, flüstert sie ihm zu. Und tatsächlich, neben dem Eingang steht ein Mann mit einem weißen Bart und einer roten Mütze.

„Tante Gabi, dürfen wir dorthin gehen?“, fragen Ejla und Edi gleichzeitig. Ihre Tante nickt. „Natürlich. Geht nur. Aber bleibt nicht zu lange weg, ich warte hier auf euch.“

Edi und Ejla rennen quer über den Platz und bleiben mit großen Augen vor dem Mann stehen.

„Hallo Weihnachtsmann!“, spricht Edi ihn mutig an. „Was machst du denn hier? Weihnachten ist schon ganz bald. Solltest du denn nicht am Nordpol sein und dich um unsere Geschenke kümmern?“

Der Weihnachtsmann lacht, dass sein weißer Bart zittert. „Da hast du schon recht. Aber weißt du, Tag und Nacht all die vielen Geschenke zu besorgen und zu verpacken, ist ganz schön anstrengend. Deshalb habe ich mir heute eine kurze Pause gegönnt. Und ich habe gehört, dass dieser Weihnachtsgarten hier einer der schönsten im ganzen Land ist. Deshalb wollte ich ihn mir einmal ansehen.“

Ejla nickte verständnisvoll. „Ja, da hast du recht. Hier ist es wirklich sehr schön. Und auch der Weihnachtsmann hat sich eine Pause verdient.“

„Bleib aber nicht zu lange hier, sonst bekommen wir am Ende keine Geschenke“, meint Edi nachdenklich.

„Nein, nein. Es wird alles rechtzeitig zu Weihnachten fertig sein,“ verspricht der Weihnachtsmann.

„Ehrenwort?“, fragt Ejla nach.

„Großes Ehrenwort“, beteuert der Weihnachtsmann.

„Na dann, genieße deine Pause.“ Die Geschwister verabschieden sich und winken ihm noch einmal zu, dann flitzen sie zu Tante Gabi zurück. Aufgeregt erzählen sie der Tante, was der Weihnachtsmann gesagt hat. Tante Gabi ist beeindruckt. „Ein Ehrenwort vom Weihnachtsmann zu bekommen, das ist schon etwas Besonderes.“ Gleich darauf laufen Ejla und Edi zu den anderen Kindern, um auf den Geschichtenerzähler zu warten.

Wo ist der Platz, an dem die Kinder auf den Märchen-erzähler warten?
Wie viele Pinguine sind im Bild versteckt?
Kannst du Ejlas Lieblings-schneemann entdecken?
WEIHNACHTSGARTEN

Kannst du alle Menschen, die eine rote Mütze tragen, finden?
Wie viele Schneemänner siehst du auf dem Bild?

Auf dem Weihnachtsmarkt

Es ist Wochenende. „Habt ihr Lust, auf den Weihnachtsmarkt zu gehen?“, fragt Papa. „Dort können wir Glühwein trinken.“

„Aber Papa!“ Edi ist entrüstet. „Du weißt doch, dass wir keinen Alkohol trinken dürfen!“ „Natürlich weiß er das.“ Ejla zwinkert ihrem Vater zu. „Aber Kinderpunsch ist auch lecker.“

„Ja, oder heißer Kakao!“ Edi ist jetzt begeistert.

„Und ich will Bratwurst essen“, ruft Ejla.

„Na, dann los.“

Schon von weitem hören sie die Musik. In einem Pavillon gibt es ein Orchester, das Weihnachtslieder spielt. Der Geruch von Bratwürsteln, gebrannten Mandeln und Glühwein liegt in der Luft.

Die vielen bunten Lichter versetzen die beiden Kinder in eine weihnachtliche Stimmung. Ejla und Edi gehen sofort auf Entdeckungsreise. Vergnügt schlendern sie durch die Gassen des Marktes. Sie bewundern die verschiedenen Stände mit den schönen Sachen. Es gibt Christbaumkugeln, Engelfiguren, Spielzeug, Kerzen, warme Mützen und Handschuhe zu kaufen. Sogar ein kleines Riesenrad wurde aufgebaut. „Ob wir nachher mit dem einmal fahren dürfen?“, hofft Edi. Vom Kinderkarussell klingt das Lied „Oh Tannenbaum“ zu ihnen herüber.

„… wie grün sind deine Blätter!“, singt Ejla fröhlich mit. Es sind viele Menschen auf dem Markt und alle sehen gut gelaunt aus. Sie lachen und unterhalten sich. Nur ein Mann scheint keine besonders gute Laune zu haben.

„Der guckt aber grimmig drein“, wundert sich Ejla.

„Kein Wunder, er ist ja auch bis über die Nasenspitze beladen mit Geschenken“, erklärt Edi. „Er kann eigentlich gar nicht sehen, wo er hinläuft.“

In diesem Moment passiert es: Der Mann stolpert und der Turm mit den Geschenken stürzt ein. In einem wilden Durcheinander purzeln die Pakete in den Schnee.

„Hey! Können Sie nicht aufpassen? Sie haben wohl vergessen, wie man ordentlich läuft!“, schimpft eine Frau. Ein Mann beschwert sich, dass ihn eines der Pakete am Arm getroffen habe. Hund Struppi, der nicht angeleint ist, stürzt sich mitten in das Chaos und will mit den Geschenken spielen.

Edi ist fassungslos: „Alle schimpfen nur, aber keiner will dem armen Mann helfen!“

„Komm, wir machen das“, meint Ejla und zusammen laufen sie hinüber und heben alle großen und kleineren Pakete vom Boden auf.

„Danke. Vielen Dank, ihr lieben Kinder“, stammelt der Mann. Von nahem sieht er gar nicht mehr grimmig aus, eher müde und erschöpft.

„Bei so vielen Paketen kannst du gar nicht sehen, wo du hingehst“, ermahnt ihn Ejla.

„Ja, da habt ihr schon recht. Aber ich habe eben niemanden, der mir hilft“, sagt der Mann.

„Wir können Ihnen helfen.“ Papa war dazugekommen und hebt gerade das letzte Päckchen auf, das beinahe unbemerkt etwas abseits unter einem kleinen Tannenbaum liegt.

„Wo musst du denn hin?“, fragt Edi.

„Mein Auto steht gleich da drüben.“

„Dann tragen wir jetzt gemeinsam Ihre Sachen zum Auto“, bestimmt Papa.

Gesagt, getan. Der Weg ist nicht weit und zusammen haben sie die Aufgabe flugs erledigt.

„Das war wirklich sehr nett von euch, vielen Dank“. Der Mann sieht sehr erleichtert aus. „Dafür spendiere ich eine Runde mit dem Riesenrad.“

Edi strahlt. Papa sieht, wie erwartungsvoll Edi und Ejla ihn ansehen. „Das nehmen wir gerne an“, lacht er. Und zusammen schlendern sie in Richtung des Fahrgeschäftes.

Kannst du Struppi entdecken?
Wie viele Sterne funkeln am Weihnachtsbaum?
Welche Farbe hat der Schal des Schneemanns?
Frohe Weihnachten
PUNSCH

Findest du den Mann, der mit Bällen jongliert?
Wie viele Tannenbäume gibt es im Bild?

Auf dem Bauernhof

„Hallo Kinder, ich habe eine Überraschung für euch.“ Tante Gabi lächelt geheimnisvoll. „Was ist es, was ist es?“, rufen Ejla und Edi gleichzeitig.

„Ich weiß, wie sehr ihr zwei die Tiere mögt. Deshalb machen wir heute einen Ausflug auf den Bauernhof.“

„Hurra!“ Die Geschwister sind begeistert. Sofort laufen sie los, um ihre Winterkleidung anzuziehen. „Wir sind bereit!“, rufen sie fröhlich, und schon geht es los.

Nicht nur Kinder, sondern auch Erwachsene sind zum Bauernhof gekommen. Es gibt viel zu sehen und zu tun. Edi und Ejla stehen vor dem Gehege mit den Kühen und staunen.

Wie groß so eine Kuh ist! Die Kühe fressen Heu und schauen die Kinder dabei mit großen braunen Augen an. Auch einige Kälbchen sind zu sehen. Eines trinkt gerade bei seiner Mutter. „Schau doch, Tante Gabi! Wie niedlich!“

„Ja, das ist wirklich süß“, stimmt die Tante zu.

Nebenan werden gerade die Alpakas gefüttert. Und etwas weiter ist ein Gehege, wo man auf einem Pony reiten kann.

„Das will ich auch!“, ruft Ejla. „Bitte, Tante Gabi, darf ich auch auf dem Pony reiten?“

„Später“, lacht die Tante. „Zuerst wollen wir uns alles in Ruhe ansehen. Und ich möchte auch gerne eine Tasse Tee trinken, mir ist doch ziemlich kalt geworden.“

„Prima, dann können wir in den Streichelzoo gehen und die Hühner füttern, während du deinen Tee trinkst“, schlägt Edi vor.

„So machen wir das.“ Tante Gabi ist einverstanden.

Beim Teestand gibt es auch Holztische mit großen Strohballen zum Sitzen. Dort kann man sich ausruhen, wenn man müde geworden ist. Da sitzt bereits die nette Frau Kaiser, die mit ihren beiden Hunden oft in der Straße der Kinder spazieren geht. Natürlich sind Timmi und Strolchi auch heute dabei. Zur Sicherheit hat sie die Leine der Hunde am Tischbein festgebunden.

Besonders Strolchi trägt seinen Namen zu Recht, denn der kleine Vierbeiner macht gerne Unsinn.

Jetzt bellt er wie wild und zerrt an der Leine. Zu gerne würde er die Hühner jagen, die so frech gackern! Da, plötzlich passiert es: Die Leine reißt. Mit einem Satz springt er über den Zaun und landet mitten zwischen den Hühnern.

Erschrocken flattern diese laut gackernd herum, dass die Federn nur so fliegen. Eine kleine Ente rettet sich über den Zaun. Nach einer kurzen Schrecksekunde machen sich Ejla und Edi daran, den fröhlich bellenden Strolchi und die verstörte kleine Ente wieder einzufangen.

„Strolchi, was hast du getan? Du darfst keine Hühner jagen!“, schimpft Frau Kaiser. Der kleine Hund schaut reumütig zu Boden.

„Er hatte bestimmt nichts Böses im Sinn“, verteidigt Edi den kleinen Strolch. „Bestimmt wollte er nur ein bisschen Spaß haben.“

„Es ist ja auch nichts passiert.“ Ejla drückt die zitternde Ente an sich und trägt sie zurück ins Gehege. Dort streichelt sie ihr noch einmal über die weichen Federn.

Tante Gabi ist jetzt auch zur Stelle und hilft Frau Kaiser, einen festen Knoten in die kaputte Leine zu machen. „So, jetzt kann Strolchi bestimmt nicht noch einmal ausreißen“, meint sie dann.

„Ich gehe jetzt trotzdem besser nach Hause“, sagt Frau Kaiser. „Für heute war das genug Aufregung.“

„Wir wollen noch zu den Ponys“, erinnert Ejla ihre Tante.

„Ja, und zu den Schweinchen“, wendet Edi ein.

„Auf Wiedersehen, Frau Kaiser.“ Die Kinder winken der Frau zum Abschied zu und sausen schon wieder los. Auf dem Bauernhof gibt es noch so viel zu entdecken!

Was spielen die Kinder neben dem Tannenbaum?
Wie viele Küken hat die Entenmama?

Wie viele Alpakas gibt es auf dem Bauernhof?
Kannst du erkennen, was die Kinder hinter dem Lagerfeuer bauen? Keinen Schneemann, sondern einen …
Willkommen Urlaub am Bauernhof
Parkplatz
Führung am Bauernhof
Tee Stand
Teestand

Draußen im Schnee

„Hurra, es hat geschneit!“ Edi sieht begeistert aus dem Fenster. Über Nacht hat sich die Landschaft in ein weißes Winter-Wunderland verwandelt.

Sofort drängt sich seine Schwester neben ihn. Sie kann es kaum glauben, dass endlich der ersehnte Schnee gefallen ist. „Hurra!“, ruft jetzt auch Ejla. „Wir können Schlitten fahren.“

„Und eine Schneeballschlacht machen“, meint Edi.

„Und einen Schneemann bauen.“ Ejla ist begeistert. „Am schönsten ist der Winter, wenn

frischer Schnee gefallen ist.“ Schnell ziehen sie ihre Schneestiefel an und machen sich auf den Weg zum Rodelberg. Es ist ein kalter Tag, aber die Sonne lacht und lässt den Schnee glitzern.

Das schöne Wetter hat viele Kinder ins Freie gelockt. Alle möchten im watteweichen Schnee herumtoben. Sogar die Hunde finden Gefallen daran und rennen fröhlich herum. Einige Leute drehen auf dem zugefrorenen Teich eine Runde in Schlittschuhen. Mehrere Kinder sind dabei, einen Schneemann zu bauen. Wer wohl den größten und schönsten Schneemann zustande bringt?

Ejla und Edi freuen sich darauf, mit ihren Rodeln den Berg hinunterzufahren. Der Berg

ist nicht sehr steil, weshalb auch einige Kinder mit ihren Skiern dort üben. Zusammen ziehen die Geschwister ihren Schlitten nach oben und kommen dabei tüchtig ins Schwitzen. Endlich ist es geschafft.

„Auf die Plätze, fertig, los!“, ruft Ejla und Edi gibt dem Rodel einen kräftigen Schwung. Mit leuchtenden Augen sausen die beiden in rasanter Fahrt ins Tal hinunter. Plötzlich taucht vor ihrem Schlitten eine hilflose Skifahrerin auf, die wohl gestürzt ist. Sie versucht etwas ungeschickt, wieder aufzustehen, aber ihre Skier überkreuzen sich immer wieder. Sofort hält Edi den Schlitten an. Ejla springt auf und läuft zu dem Mädchen hinüber.

„Hast du dir wehgetan?“, fragt sie mitfühlend.

„Nein, aber ich schaffe es nicht, wieder aufzustehen.“

Zu zweit helfen sie dem Mädchen auf die Beine. Vorsichtig gehen die drei zusammen den Hang nach unten.

„Beim nächsten Mal klappt es bestimmt schon besser“, tröstet Edi das Mädchen.

„Für heute reicht es mir erst einmal. Ich probiere es lieber morgen wieder. Danke trotzdem für eure Hilfe.“ Das Mädchen packt die Skier zusammen und macht sich auf den Heimweg.

Edi und Ejla sehen sich an. „Und jetzt? Ziehen wir den Schlitten wieder nach oben?“

„Aber klar doch“, meint Ejla. „Sonst können wir ja nicht hinunterfahren.“

Bis es Abend wird, haben Edi und Ejla den Rodel noch viele Male den Berg hinaufgezogen und sind genauso oft damit ins Tal gesaust. Müde, aber glücklich gehen sie schließlich zu Bett.

Wie viele Schneemänner siehst du?
Welcher wichtige Mann beobachtet die Kinder?
Was macht der Junge in der unteren Ecke?
PUNSCH & TEE

Wie viele Schneeengel kannst du im Bild entdecken?
Welche Kinder werfen Schneebälle?

Im Einkaufszentrum

Ejla und Edi freuen sich. Heute geht es ins Einkaufszentrum! Ejla soll neue Stiefel und Edi eine neue Winterjacke bekommen. Eigentlich gehen die beiden nicht gerne mit den Eltern zum Einkaufen.

Einkaufen ist langweilig und das ständige Anprobieren von Hosen, Jacken und Schuhen ist anstrengend. Viel lieber bleiben sie zu Hause und spielen mit ihren Spielsachen oder treffen sich mit Freunden.

Nur in der Vorweihnachtszeit, da ist das anders. Die Geschwister lieben es, wie schön das Einkaufszentrum geschmückt ist. Überall hängen funkelnde Sterne, goldene Lichterkugeln und glitzernde Girlanden. Es liegt so ein besonders Gefühl von Weihnachten in der Luft.

Im Einkaufszentrum sind viele Menschen unterwegs. Aus den Lautsprechern klingt Weihnachtsmusik. Die Geschwister können es kaum erwarten, loszustürmen und die vielen schönen Sachen in den Schaufenstern zu entdecken. Im Einkaufszentrum gibt es auch Aktionen für Kinder. Edi möchte beim Schmücken des großen Weihnachtsbaumes helfen, während Ejla lieber bastelt. Heute gibt es sogar etwas ganz Besonderes! Der Weihnachtsmann hat sich mit seinen Gehilfen angekündigt. Aus einem großen Buch liest er Geschichten vor und jedes Kind darf anschließend ein kleines Geschenk mit nach Hause nehmen.

Plötzlich hören sie ein lautes Schluchzen. Leonie, ein Mädchen aus dem Kindergarten, steht da und weint herzzerreißend. Dicke Tränen kullern ihr über die Backen. Ejla hat sofort Mitleid. „Was ist denn passiert?“, fragt sie Leonie.

„Ich habe meinen Lieblingsteddy verloren!" Leonie ist so traurig, dass sie kaum richtig sprechen kann.

„Ach, den finden wir schon wieder."

„Das glaube ich nicht." Leonie schüttelt den Kopf.

„Klar doch. Zu zweit schaffen wir das. Wir finden deinen Teddy. Bleib einfach hier stehen." Edi ist zuversichtlich.

Sofort laufen die Geschwister los. Sie sausen den Gang hinunter, an den Schaufenstern mit den Schneemännern vorbei und laufen in jedes Geschäft. Schließlich finden sie den armen Teddy. Ganz verloren und verlassen sitzt er in einer Ecke.

Sie bringen ihn zu Leonies Vater, der ihn froh seiner Tochter überreicht. Leonie drückt ihren Teddy ganz fest an sich und kann endlich wieder lächeln.

Ejlas und Edis Eltern sind sehr stolz auf ihre Kinder. „Das habt ihr gut gemacht!", lobt Papa.

„Ehrensache!“, grinst Edi. „Man hilft sich doch gegenseitig, wenn man kann.“

„Da hast du recht.“ Auch Mama ist stolz auf ihre Kinder.

„Bekommen wir dafür auch eine von diesen leckeren Zuckerstangen als Belohnung?“, fragt Ejla spitzbübisch.

Papa lacht. „Die sind nicht gut für die Zähne. Aber ausnahmsweise, ihr habt sie euch wirklich verdient.“

Ejla und Edi fassen sich an den Händen. „Na dann, gehen wir einkaufen!“

Noch viele Stunden später erzählen sie ihren Eltern immer wieder, wie es ihnen gelungen ist, den verlorenen Teddybären aufzuspüren. Dies war wirklich ein ganz besonderer Tag!

Wie viele Weihnachts-männer siehst du im Bild?
Was ist auf der Spitze des Weihnachts-baumes?
Welche Farbe hat die kleine Katze?

Kannst du Leonie und ihren Teddy entdecken?
Findest du den Lebkuchen-mann?

Suchseite

Findest du die Geschichten, in denen die Bilder vorkommen?

Bitte deine Eltern sie neben dem Bild aufzuschreiben.

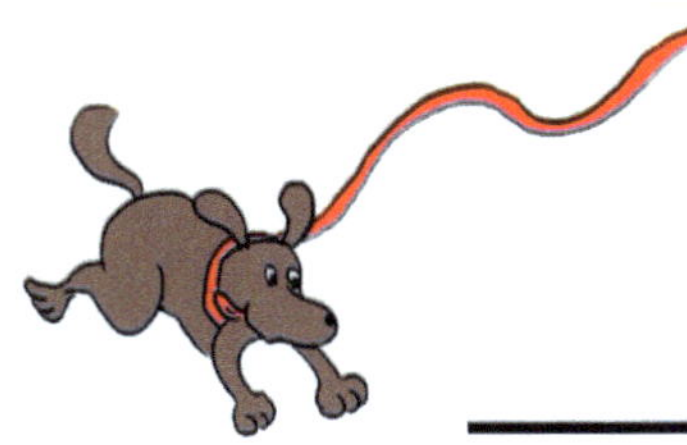

Schlusswort

Liebe Kinder, liebe Eltern,

wir hoffen, dass ihr beim Erkunden der vielen bunten Wimmelbilder genauso viel Freude hattet wie Ejla und Edi bei ihren winterlichen Abenteuern. Weihnachten ist eine Zeit der Magie, des Entdeckens und des Zusammenseins. Ob im Tierpark, auf dem Weihnachtsmarkt oder im Schnee – überall gibt es Geschichten, die darauf warten, von euch entdeckt und erzählt zu werden.

Nun, da ihr alle Bilder betrachtet und die vielen Geheimnisse entschlüsselt habt, wünschen wir euch eine wundervolle Weihnachtszeit voller Abenteuer, Freude und vielleicht sogar einem Besuch vom Weihnachtsmann!

Frohe Weihnachten und bis zum nächsten Winterspaß!

Haftungsausschluss

Die Umsetzung aller enthaltenen Informationen, Anleitungen und Strategien dieses Buchs erfolgt auf eigenes Risiko. Für etwaige Schäden jeglicher Art kann der Autor aus keinem Rechtsgrund eine Haftung übernehmen. Für Schäden materieller oder ideeller Art, die durch die Nutzung oder Nichtnutzung der Informationen bzw. durch die Nutzung fehlerhafter und/oder unvollständiger Informationen verursacht wurden, sind Haftungsansprüche gegen den Autor grundsätzlich ausgeschlossen. Ausgeschlossen sind daher auch jegliche Rechts- und Schadensersatzansprüche. Dieses Werk wurde mit größter Sorgfalt nach bestem Wissen und Gewissen erarbeitet und niedergeschrieben. Für die Aktualität, Vollständigkeit und Qualität der Informationen übernimmt der Autor jedoch keinerlei Gewähr. Auch können Druckfehler und Falschinformationen nicht vollständig ausgeschlossen werden. Die Bilder stammen von der Homepage www.pixabay.com und es handelt sich um lizenzfreie Fotos. Für fehlerhafte Angaben vom Autor kann keine juristische Verantwortung sowie Haftung in irgendeiner Form übernommen werden.

Urheberrecht

Impressum

2024

1. Auflage

Kontakt: Belinda Derflinger & Roland Andres,
Auergütlweg 10, 4030 Linz, Österreich

Kontaktaufnahme: rbm.publishing@gmx.at

Printed in Poland
by Amazon Fulfillment
Poland Sp. z o.o., Wrocław

40599030R00045